Le blog de Danny

Danny's Blog

Stephen Rabley

Pictures by Martin Ursell

French by Marie-Thérèse Bougard

b small publishing

Danny Meunier habite à Pumai, à Bornéo.

Sa maman est la directrice de la réserve d'orangs-outans.

Pumai est un bel endroit avec plein d'arbres.

Danny l'adore, et il adore les orangs-outans aussi.

Sa préférée s'appelle Gloria. Elle n'a que deux ans.

Elle n'a ni mère ni père. C'est Danny qui s'occupe d'elle.

Chaque matin, avant l'école, il lui donne du lait
et une banane.

Danny Miller lives at Pumai, in Borneo.
His mother is the boss of the orangutan reserve.
Pumai is a very beautiful place with lots of trees.
Danny loves it, and he loves the orangutans too.
His favourite is called Gloria. She's only two years old.
She has no mother or father. Danny looks after her.
Every morning, before school, he gives her some milk
and a banana.

Aujourd'hui, c'est samedi. Danny aide son copain Paul.
Paul est guide. Il travaille à Pumai.

"Il y a très peu d'orangs-outans sauvages dans le monde,"
explique Paul aux touristes.

"Que veut dire le mot orang-outan?" demande l'homme.

"Ça veut dire homme de la forêt,"

"Ils sont dangereux?" demande la petite fille.

"Non," dit Danny. "Ils sont très timides.
Et ils sont intelligents aussi."

Today is Saturday. Danny is helping his friend, Paul.
Paul is a guide. He works at Pumai.
"There are very few wild orangutans in the world,"
Paul explains to the tourists.
"What does the word orangutan mean?" asks the man.
"It means man of the forest," says Paul.
"Are they dangerous?' asks the young girl.
"No," says Danny. "They are very shy.
And they're clever, too."

Le lendemain soir, Danny regarde le journal télévisé.
Soudain, sa maman entre dans la pièce.
“Je peux te parler?” demande-t-elle, l'air inquiète.
Danny éteint la télé. “Qu'est-ce qui ne va pas, Maman?”
“Pumai a besoin de 50 000 dollars avant le mois prochain.
Je ne les ai pas.” Elle regarde le morceau de papier
qu'elle tient à la main. “Mais j'ai ça.”

The next evening, Danny is watching the TV news.
Suddenly, his mum comes into the room.
"Can I talk to you?" she asks, looking worried.
Danny turns off the TV. "What's wrong, Mum?"
"Pumai needs 50,000 dollars before next month.
I haven't got it." She looks at the piece of paper
in her hand. "But I have got this."

Je suis désolée, Danny.

Danny prend le morceau de papier. C'est un e-mail.
"Madame," lit-il. "Je m'appelle Brad Coram et je suis
le directeur de la Société des Bois de Bornéo.
Je voudrais acheter votre réserve…"
"C'est très simple," dit la maman de Danny. "Brad Coram
veut abattre nos arbres. Il est riche et, nous, on ne l'est
pas. Je suis désolée, Danny, mais c'est la fin de Pumai."
Cette nuit-là, Danny n'arrive pas à dormir.
Il pense à la Société des Bois de Bornéo.

Danny takes the piece of paper. It's an email.

"Dear Mrs Miller," he reads. "My name is Brad Coram and I'm the boss of the Borneo Wood Company. I want to buy your reserve…"

"It's very simple," says Danny's mum. "Brad Coram wants to cut down our trees. He's rich and we're not. I'm sorry, Danny, but this is the end for Pumai."

That night, Danny can't sleep.

He is thinking about the Borneo Wood Company.

Le lendemain matin, Danny est avec Gloria.

"Qu'est-ce qu'on va faire?" murmure-t-il.

Sur le chemin de l'école, Danny est très triste.

Dans le bus, il ne parle pas à ses copains.

Il regarde par la fenêtre.

"Ça ne va pas," pense-t-il. "Maman ne peut pas vendre Pumai. Les orangs-outans en ont besoin. Ils ont besoin de la forêt. Il doit y avoir une autre solution!"

Next morning, Danny is with Gloria.

"What are we going to do?" he whispers.

On the way to school, Danny is very sad.

On the bus, he doesn't talk to his friends.

He stares out of the window.

"This isn't right," he thinks. "Mum can't sell Pumai.

The orangutans need it. They need the forest.

There must be another answer!"

A l'école, Danny a un cours d'informatique.

La prof écrit le mot "BLOG" au tableau.

"Que veut dire ce mot?" demande-t-elle.

Danny ne répond pas. Il pense encore aux
problèmes de Pumai.

"C'est un journal par Internet," répond un garçon.

"Beaucoup de gens en écrivent pour raconter leur vie."

Danny se met à sourire.

"*Oui,*" dit-il. "*C'est ça,* la solution!"

At school, Danny has a computer class.

The teacher writes 'BLOG' on the board.

"What does this word mean?" she asks.

Danny doesn't answer. He's still thinking about
Pumai's problems.

"It's an Internet diary," one boy says.

"Lots of people write them to tell us about their lives."

Danny starts to smile.

"*Yes*," he says. "*That's* the answer!"

Ce soir-là, Danny parle à sa maman.

"J'ai une idée," dit-il. "D'abord, je vais faire un blog. Je vais raconter l'histoire de Pumai et de la Société des Bois de Bornéo. Comma ça, les gens pourront écrire à Brad Coram et dire: *N'achetez pas Pumai.*"

"OK," dit-elle très lentement. "Mais l'argent? On a encore besoin de 50 000 dollars."

Danny sourit. "Ça, c'est ma deuxième idée."

Danny lui en parle en faisant la vaisselle.

That evening, Danny talks to his mum.

"I've got an idea," he says. "First, I'm going to start a blog. I'm going to tell the story of Pumai and the Borneo Wood Company. Then people can write emails to Brad Coram and say: *Don't buy Pumai*."

"OK," she says very slowly. "But what about the money? We still need 50,000 dollars."

Danny smiles. "That's my second idea."

Danny tells her all about it, while they wash the dishes.

15

Après dîner, Danny ouvre son portable.

D'abord, il écrit l'histoire de Pumai et des orangs-outans.

Ensuite, il parle de la Société des Bois de Pumai.

Il termine par: "Je vous prie d'envoyer ce message à Brad Coram: *Pumai est important. N'abattez pas les arbres.*"

Gloria mange une orange. Danny la regarde en souriant.

"Voyons ce qui va se passer, Gloria!"

After dinner, Danny opens his lap-top computer.

First, he writes about Pumai and the orangutans.

Next, he writes about the Borneo Wood Company.

Finally, he says, "Please send this message to Brad Coram:
Pumai is important. Don't cut down the trees."

Gloria is eating an orange. Danny looks at her and smiles.

"Let's see what happens now, Gloria!"

Quatre jours plus tard, Brad rentre d'un voyage d'affaires.
Il trouve des centaines d'e-mails à propos de Pumai.
Ils viennent d'Afrique, d'Australie, d'Amérique du sud,
d'Amérique du nord, d'Europe, d'Asie… du monde entier!
Beaucoup de gens sont en colère contre sa société.
Mais il n'y a pas d'e-mail de Madame Meunier.
Il appelle Pumai, et la maman de Danny répond.
"Arrêtez le blog de votre fils, Madame Meunier!" dit-il
"Oh! Il y a un problème?" demande-t-elle.

18

Four days later, Brad returns from a business trip.
He finds hundreds of emails about Pumai.
They're from Africa, Australia, South America,
North America, Europe, Asia… all over the world!
A lot of people are angry with his company.
But there is no email from Mrs Miller.
He calls Pumai, and Danny's mum answers.
"Stop your son's blog, Mrs Miller!" he says.
"Oh! Is it a problem?" she asks.

Elle se souvient alors de la deuxième idée de Danny.
"OK, venez ici demain à six heures avec 50 000 dollars,"
dit-elle. "Et on pourra en discuter."
Brad Coram est content. "Elle a besoin d'argent,"
pense-t-il. "Dans quelques semaines, tout le monde
oubliera ce blog stupide, et je pourrai acheter Pumai."
"D'accord. A demain, Madame Meunier," dit-il.
La maman de Danny sourit. Elle appelle un autre numéro.
"Allô? C'est bien le journal télé de Bornéo?"

Then she remembers Danny's second idea.

"OK, come here tomorrow at six o'clock with 50,000 dollars," she says. "and we can talk about it."

Brad Coram is pleased. "She needs money," he thinks. "In a few weeks everyone's going to forget this stupid blog, and I can buy Pumai."

"Fine. See you tomorrow, Mrs Miller," he says.

Danny's mum smiles. She calls another number.

"Hello, Is that Borneo TV News?"

Le lendemain, Brad Coram va à Pumai.

La maman de Danny l'attend.

"Bonjour, Madame Meunier," dit Brad. "J'ai l'argent.
Où peut-on parler?"

La maman de Danny l'amène à son bureau.

A la porte, elle dit: "Vous pouvez tenir Gloria
une minute, s'il vous plaît?"

Elle donne le bébé orang-outan à Brad Coram.

"Après vous," dit-elle en ouvrant la porte.

22

Next day, Brad Coram goes to Pumai.

Danny's mum is waiting for him.

"Hello, Mrs Miller," says Brad. "I've got the money.

Where can we talk?"

Danny's mum takes him to her office.

At the door she says, "Can you hold Gloria

for a minute, please?"

She gives the baby orangutan to Brad Coram.

"After you," she says, as she opens the door.

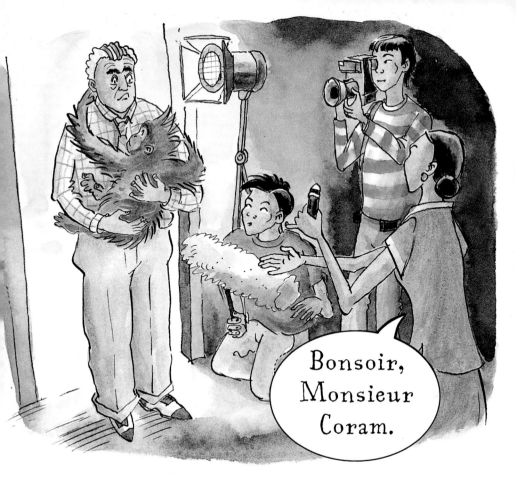

Bonsoir, Monsieur Coram.

Brad Coram entre dans le bureau.

Il voit une caméra de télévision et trois personnes.

Une femme lui sourit.

"Bonsoir, Monsieur Coram. Je m'appelle Corina Pek, et je travaille pour la télé de Bornéo," dit-elle.

"J'ai des questions pour vous."

"Vous filmez?" demande Brad Coram.

"Oui, vous êtes au journal de six heures, là."

24

Brad Coram walks into the office.

He sees a TV camera and three people.

A woman smiles at him.

"Good evening, Mr Coram. My name is Corina Pek, and I'm from Borneo TV," she says.

"I have some questions for you."

"Are you filming?" asks Brad Coram.

"Yes. You're on the six o'clock news right now."

Brad Coram regarde la caméra de télévision.

"Que pensez-vous de la réserve, Monsieur Coram?" demande Corina.

"C'est très… beau," dit Brad.

"Et Pumai fait du travail important?"

"Oui, oui, bien sûr."

"Et pourquoi êtes-vous ici aujourd'hui? Vous voulez acheter Pumai et abattre les arbres? Après tout, vous êtes le directeur des Bois de Bornéo."

Brad Coram looks at the TV camera.

"What do you think of the reserve, Mr Coram?" asks Corina.

"It's very… beautiful," says Brad.

"And is Pumai doing important work?"

"Yes, yes, of course."

"And why are you here today? Do you want to buy Pumai and cut down its trees? After all, you are the boss of Borneo Wood."

Brad Coram regarde la caméra. Il hésite.
"Non, bien sûr que non," dit-il. "Je veux… *donner*…
50 000 dollars à la réserve." Il prend un chèque dans
sa poche. "Voilà."
"*Vraiment?* Merci beaucoup," dit la maman de Danny.
"On peut faire beaucoup de choses avec cet argent."
Dehors, Brad Coram voit Danny et Paul.
Il regarde Danny. Danny le regarde. Ils ne se parlent pas.
Brad retourne directement à sa voiture.

Brad Coram looks at the camera. He hesitates.
"No, of course not," he says. "I want to… *give*…
the reserve 50,000 dollars." He takes a cheque out
of his pocket. "Here it is."
"*Really?* Thank you very much," says Danny's mum.
"We can do a lot with this money."
Outside, Brad Coram sees Danny and Paul.
He looks at Danny. Danny looks at him. They don't speak.
Brad walks straight to his car.

Cinq jours plus tard, Paul a une grosse pile de chèques.
"C'est fantastique!" dit-il. "Des centaines de gens envoient
de l'argent pour aider Pumai et les orangs-outans."
La maman de Danny sourit. "Il y a aussi plein d'e-mails.
Regardez. Celui-ci en dit long."
Elle leur montre son ordinateur et ils rient.
Sur l'écran, on peut lire:
Bravo pour le blog de Danny!

Five days later, Paul has a big pile of cheques.
"This is fantastic!" he says. "Hundreds of people are
sending money to help Pumai and the orangutans."
Danny's mum smiles. "There are lots of emails too.
Look. This one says it all."
She shows them her computer and they laugh.
On the screen they can read:
Hurray for Danny's blog!

Quiz

You will need some paper and a pencil.

1 Here are three things that Gloria likes. Copy the pictures and write the French words. They are on story pages 2 and 16.

2 Two of these sentences are false. Can you change them to make them true? Then say them.

Paul travaille à Pumai.

Les orangs-outangs sont dangereux.

Danny écrit un blog.

Les orangs-outangs ont besoin de la forêt.

Brad Coram n'est pas riche.

3 Copy this email message and fill in the gaps. Choose one sentence from question 2 to complete your email.

Je m'appelle [your name] et je suis de [your town].

Pumai fait du travail très important.

N'abattez pas les arbres! _____